SYSTÈME

DES

EMPRUNTS FRANÇAIS,

OU

RÉDUCTION DE LA DETTE NATIONALE;

PAR AUG. LAMBERT,

FONDATEUR ET DIRECTEUR GÉNÉRAL DE LA SOCIÉTÉ D'AVANCES MUTUELLES SUR GARANTIES.

Nos réflexions sur cette importante matière nous ont portés à reconnaître que le seul moyen de tirer des circonstances actuelles tout ce qu'elles présentent de favorable était de se mettre en mesure de pouvoir offrir aux porteurs de nos effets publics, constitués à cinq, le remboursement de leur capital ou la conversion de leurs titres dans des effets dont l'intérêt fût plus modéré (*discours de M. le comte de* VILLÈLE) *ou le même intérêt, mais avec un moindre capital.*

PARIS.

PONTHIEU, LIBRAIRE, PALAIS-ROYAL, N° 252.

DÉCEMBRE 1824.

OUVRAGES du même auteur, relatifs à la Société d'avances mutuelles sur garanties.

NOUVEAU SYTÈME DE CRÉDIT PARTICULIER, ou Mémoire explicatif pour servir à l'établissement de la Société d'avances mutuelles, etc., avec cette épigraphe :

> Le bas intérêt de l'argent est un des grands
> moteurs de toutes les entreprises utiles.
> (M. NECKER.)

Prix : 2 fr. 5o c., et 3 fr. franc de port.

BULLETIN DE LA SOCIÉTÉ D'AVANCES MUTUELLES, etc.

Chaque numéro de ce Bulletin est d'une à trois feuilles d'impression. Le prix de l'abonnement annuel de douze numéros, est fixé, franc de port, à 6 fr. pour Paris et les départemens.

Ce Journal, dans les commencemens est plus particulièrement consacré à repousser les attaques dirigées contre la Société et à développer et à défendre ses principes. Il contiendra, par la suite, des articles et avis divers, en un mot tout ce qui peut intéresser l'Agriculture, le Commerce et les Manufactures ; les avis importans, surtout ceux relatifs à la propriété foncière et l'annonce des bons ouvrages, y trouveront toujours place.

BARÈME, ou Comptes faits de la Société d'avances mutuelles, etc., précédé des statuts de cette Société. Prix : 6 f. franc de port. Cet ouvrage composera un fort volume, il paraît par livraisons.

PARALLÈLE. La Caisse hypothécaire et la Société d'avances mutuelles, avec cette épigraphe :

> Entrez dans la bonne voie, tous les résultats sont
> bons : égarez-vous dans la mauvaise, tout vous
> tournera à mal. (*Moniteur du 6 avril 1824.*)

Prix 1 fr. 5o c., franc de port.

La conclusion de cet ouvrage est «que la Caisse hypothécaire ne saurait résister à un examen approfondi, et qu'au contraire la Société d'avances mutuelles sera d'autant mieux appréciée qu'on la connaîtra davantage. »

SYSTÈME

DES

EMPRUNTS FRANÇAIS,

OU

RÉDUCTION DE LA DETTE NATIONALE;

PAR AUG. LAMBERT,

FONDATEUR ET DIRECTEUR GÉNÉRAL DE LA SOCIÉTÉ D'AVANCES

MUTUELLES SUR GARANTIES.

> Nos réflexions sur cette importante matière nous ont portés
> à reconnaître que le seul moyen de tirer des circonstances
> actuelles tout ce qu'elles présentent de favorable était de
> se mettre en mesure de pouvoir offrir aux porteurs de nos
> effets publics, constitués à cinq, le remboursement de
> leur capital ou la conversion de leurs titres dans des effets
> dont l'intérêt fût plus modéré (discours de M. le comte
> de VILLÈLE) *ou le même intérêt, mais avec un
> moindre capital.*

PARIS.

PONTHIEU, LIBRAIRE, PALAIS-ROYAL, N° 252.

DÉCEMBRE 1824.

AVANT-PROPOS.

J'ai fait une étude approfondie de la partie de l'économie politique qui traite des finances ; depuis dix ans cette étude est ma principale occupation, et je lui dois d'avoir pu résoudre l'un des problèmes qui ont le plus occupé les financiers de tous les pays ; je veux parler de la mobilisation des propriétés foncières et de la réduction de l'intérêt de l'argent. Riche de cette sorte de découverte, j'ai été assez heureux pour en composer un système de crédit et le faire servir de base à une Institution de la plus haute importance, *la Société d'avances mutuelles sur garanties* (1). D'abord je ne fus entendu que d'un bien petit nombre de personnes, et je m'y attendais ; en France tout ce qui est abstrait et nouveau est jugé, ou plutôt condamné, avec une légèreté inconcevable ; mais ma persévérance et les explications que j'ai données dans le Bulletin mensuel que je publie ont peu à peu satisfait les hommes éclairés et enfin les plus incrédules. Aujourd'hui la Société a des Comptoirs en activité dans plusieurs départemens où l'usure la fait déjà regarder comme un véritable bienfait, et je ne crains pas d'avancer que son succès est certain.

(1) Voir le Précis des opérations de cette Société, imprimé à la suite de cette Brochure.

Le projet de loi sur la réduction des rentes devait naturellement fixer mon attention , et en effet je m'en suis occupé d'une manière toute particulière ; j'ai lu plusieurs fois les 'discours et les divers écrits dans lesquels il a été examiné ; j'ai pesé le pour et le contre, et j'ai surtout médité l'ouvrage de M. Laffitte, banquier, qui jette le plus grand jour sur cette vaste opération financière. Cet ouvrage laisse peu à desirer ; il serait parfait si l'auteur l'avait résumé par des chiffres, car en finances les chiffres seuls sont décisifs, ils portent avec eux la conviction.

Ce que M. Laffitte n'a pas fait, j'ai songé à le faire , d'abord pour ma propre instruction et bientôt avec la certitude que mon travail serait utile ; c'est ainsi que j'ai été conduit à établir les principes de notre système d'emprunt et à en tirer les conséquences.

Je comptais me borner à mettre ce travail sous les yeux de M. le comte de Villèle ; mais il commence à être connu, je l'ai communiqué, peut-être avec trop peu de précaution ; enfin je le publie aujourd'hui , après l'avoir présenté à Son Excellence, et je le publie pour en répondre. Si je me suis trompé, on me réfutera et je conviendrai de mon erreur ; si j'ai raison, les hommes sans préjugés, les amis de la vérité se feront un devoir de m'appuyer de leurs suffrages, et de toute manière les rentiers , éclairés par cette discussion, pourront mieux entendre la nouvelle loi que sans doute le Gouvernement va présenter aux Chambres pour résoudre la question de la réduction de notre dette.

SYSTÈME

DES EMPRUNTS FRANÇAIS,

OU

RÉDUCTION DE LA DETTE NATIONALE.

La question de la réduction de l'intérêt de la dette nationale paraît épuisée; il semble qu'il n'y a plus rien à dire sur un sujet que tant d'hommes d'état et d'écrivains distingués ont traité avec infiniment d'esprit; cependant, cette question est encore toute neuve, puisque le problème n'a pas été résolu et qu'il ne pouvait l'être qu'imparfaitement par les moyens proposés.

Il nous faut procéder ici avec quelque méthode. Ce n'est jamais qu'après avoir établi les causes, que raisonnablement on doit chercher à tirer des faits qu'elles produisent leurs véritables conséquences. Voyons d'abord notre situation, et la conduite que nous avons tenue.

C'est aux Anglais que nous devons notre système d'emprunt, imaginé par le docteur Price; nous adoptâmes ce système au moment du besoin, et nous l'adoptâmes précipitamment, sans prendre la peine d'en reconnaître les principes. Nous ne vîmes alors que son premier résultat; on croirait qu'à cette époque désastreuse le temps nous a manqué pour agir avec plus de sagesse, et nous venons d'éprouver tous les inconvéniens d'une marche aussi peu régulière. On ne saurait s'empêcher de le reconnaître, cette étrange manière de procéder a principalement contribué au rejet du projet de la loi sur nos rentes, projet qui a donné lieu à de si grandes controverses; tranchons le mot, l'opération que voulait faire le Gouvernement n'a pas été comprise.

Le système des emprunts anglais, aujourd'hui le nôtre, a pour base fondamentale des principes clairs, mais rigoureux, desquels on ne peut s'écarter sans se jeter dans des difficultés insurmontables ; il importe donc de rappeler ces principes, et d'en développer les conséquences, afin que l'on sente de suite que la réduction de l'intérêt et du capital de notre dette, lorsqu'elle a atteint le pair, est d'une nécessité absolue.

L'Etat émet des rentes à un capital déterminé, des 5 p o,o, par exemple ; il vend ce capital un prix quelconque, et il en paie, chaque année, l'intérêt au taux stipulé. Le prix de la vente sert ordinairement de base pour fixer la dotation de l'établissement destiné à amortir d'abord, et finalement à éteindre la dette que l'Etat a ainsi contractée.

Plus le prix obtenu est bas, et moins la dotation doit être élevée : cette observation est fort importante, car elle règle en définitive le *coût* de l'emprunt : on ne tardera pas à en avoir la preuve.

La création des rentes ainsi émises nécessite donc, non pas le paiement d'un simple revenu, mais l'acquittement de véritables annuités, divisées en deux parties; l'une, qui sert les intérêts, est comptée par le trésor aux porteurs de rentes, et l'autre, qui éteint le capital, est versée à la caisse d'amortissement. Ceci mérite une grande attention.

Jusqu'à ce que les rentes soient au pair, le montant de ces annuités ne change pas, elles doivent être, chaque année, payées intégralement, et elles le sont en effet, puisque la caisse d'amortissement qui devient progressivement propriétaire d'une plus forte masse de rentes, ne les éteint pas de suite, qu'elle ne fait que les *amortir*, c'est-à-dire les soustraire à la circulation, les immobiliser, et que par conséquent elle reçoit les intérêts que ces capitaux produisent. Elle se sert de ce revenu pour augmenter de plus en plus son action.

Remarquons bien que l'Etat ne commet pas la faute de vendre une rente perpétuelle qu'il ne pourrait jamais rembourser ; il vend un capital produisant un intérêt. C'est tant *pour cent* qu'il livre à son prêteur afin d'en recevoir de suite telle somme. Ces mots *pour cent* seraient de toute inutilité dans le contrat, si le capital vendu n'était pas essentiellement remboursable ; ces mots sont là pour déterminer le montant de la somme que doit le Gouvernement, et, en remboursant cette somme, il ne fait rien d'injuste, il exerce un droit incontestable, il agit dans l'intérêt des contribuables dont il est le mandataire.

Remarquons encore qu'il résulte de ce principe que l'Etat ne peut vendre un capital qu'à un prix au-dessous de son montant nominal, car l'acheteur ne consent à s'en charger que pour le garder quelque temps, soit qu'il veuille jouir de l'intérêt soit dans l'espérance de le revendre à un prix plus favorable; s'il le payait valeur nominale, ou au-dessus de cette valeur, l'Etat ayant le droit de se libérer en remboursant la somme qu'il a reconnu devoir, l'acheteur ferait un marché de dupe; il aurait contre lui la chance en baisse, et cette chance ne serait pas compensée par celle en hausse, enfin le contrat cesserait d'être aléatoire, et il faut qu'il le soit.

La caisse d'amortissement achète continuellement, et dans une proportion toujours croissante. Or, si son action n'était pas limitée, en d'autres termes, si elle achetait constamment au cours de la Bourse, quelqu'élevé qu'il soit, il arriverait une époque où toute sa dotation deviendrait le prix de la dernière parcelle de la dette qu'elle aurait encore à amortir; elle agirait, dans ce cas, précisément en sens inverse des résultats qu'on attend de son institution.

Cette action doit donc être restreinte, et il est de principe qu'une caisse d'amortissement ne saurait acheter de la dette au-dessus de sa valeur nominale. Ainsi, quand cette dette se vend au pair, l'Etat est averti que le moment est venu de substituer le remboursement à l'amortissement.

Deux causes puissantes concourent à la hausse des rentes d'un Etat qui se trouve dans une situation prospère. 1° L'augmentation des richesses par le développement de l'industrie, et 2° la diminution de ces mêmes rentes par l'effet de l'amortissement : d'un côté, il y a plus de capitaux disponibles, et de l'autre, moins de rentes à acquérir.

Il est évident que lorsque la dette est parvenue au pair, le taux général de l'intérêt est, depuis long-temps, au-dessous de celui que paie le Gouvernement. A cette époque, l'Etat doit donc rembourser ses créanciers : mais l'Etat ne thésaurise pas, il n'a jamais d'argent disponible, et il lui en faut pour effectuer ce remboursement; de plus, si la dette était un peu forte, il lui serait physiquement impossible de se procurer seulement les fonds dont il aurait besoin pour satisfaire un cinquième de ses créanciers.

Que doit donc vouloir l'Etat dans cette circonstance ? Il n'entend pas se libérer, puisqu'il n'en a pas les moyens : l'Etat se propose de profiter de l'abondance des capitaux, afin de diminuer la dépense que lui occasionne ceux qu'il a empruntés.

Pour atteindre ce but avec l'assentiment général, il y a une condition essentielle qu'il faut remplir : l'Etat est dans l'obligation de concilier deux intérêts, celui des spéculateurs qui ne placent dans les effets publics que pour les revendre lorsque la hausse en a élevé le cours, et celui des rentiers qui les achètent uniquement pour jouir du revenu qu'ils produisent, sans s'informer si leur prix baisse ou hausse à la Bourse.

Ainsi l'Etat est alors dans la nécessité d'ouvrir, non pas un seul emprunt, mais deux ; et afin qu'ils soient facilement remplis, il monétise spécialement toute sa dette, c'est-à-dire qu'il déclare qu'à des conditions déterminées, il la prendra en paiement des sommes qu'auront à lui verser ceux qui souscriront pour ces deux emprunts.

L'un des emprunts est ouvert aux spéculateurs qui veulent augmenter leur capital, et l'autre l'est aux rentiers qui desirent conserver le même revenu. Le premier emprunt doit diminuer l'intérêt de la dette, mais augmenter son capital; et le second diminuer le capital, mais sans rien changer à l'intérêt de cette dette.

Pour faire l'application de ces principes, il faut réduire toute l'opération à une simple question d'annuités, afin que, dans l'un et l'autre cas, les augmentations et diminutions soient calculées de manière à assurer un bénéfice à l'Etat.

Ce n'est pas tout; le rentier qui consent à faire une remise sur son capital pour éloigner le remboursement, doit avoir la certitude qu'une nouvelle remise ou une nouvelle offre de remboursement ne devra l'occuper qu'à une époque fort reculée, et l'Etat fixe cette époque en déclarant que les effets de cet emprunt ne seront remboursés que lorsque les effets de l'autre emprunt auront atteint le pair.

Pour être mieux compris, procédons par un exemple :

l'Etat veut rembourser ses 5 p. o/o; il ouvre un emprunt en des 3 p. o/o qu'il livre à 75 fr. pour 100 fr., et ces 75 fr. lui sont versés ou en espèces ou en 5 p. o/o; il ouvre un second emprunt en des 6 p. o/o qu'il livre à 83 fr. et 1/3 pour 100 fr. de 5 p. o/o, et s'engage, comme il vient d'être dit, à ne rembourser les 6 p. o/o que lorsque les 3 p. o/o seront au pair.

Le premier emprunt a pour effet de diminuer l'intérêt de la dette d'un cinquième, mais il augmente son capital d'un tiers. Cet emprunt fournit des espèces pour rembourser ceux des rentiers qui préfèrent toucher leur capital en numéraire. Le second emprunt laisse l'intérêt intact, mais il diminue le capital d'un sixième.

L'amortissement, en général, ne doit plus alors opérer que sur les 3 p. o/o, et par son effet ainsi que par l'accroissement des richesses, il élève progressivement ces 3 p. o/o au pair. D'abord le rachat a lieu à 75 fr., le point de départ, et finalement à 100 fr. La caisse d'amortissement n'a donc, terme moyen, racheté du nouvel emprunt qu'à un sixième de perte; or, le sacrifice d'un tiers du capital que fait l'Etat est ainsi diminué de moitié, tandis qu'il n'en gagne pas moins un p. o/o d'intérêt par an.

Le second emprunt donne de suite à l'Etat un bénéfice d'un sixième, puisque pour 100 fr. de 5 p. o/o il n'a été délivré que 83 fr. et 1/3 de 6 p. o/o. Ici le bénéfice est évident : celui du premier emprunt n'est pas moins positif; il s'élève également à un sixième, si toutefois l'amortissement et l'intérêt répondent à des annuités de 5 fr. 93 c. p. o/o environ; car trente-huit annuités de cette somme remboursent 100 fr. à 5 p. o/o; et de même ces annuités remboursent 133 fr. 33 c. à 3 p. o/o. Nous supposons, pour ce rapprochement, les 100 fr. ainsi que les 133 fr. 33 c., rachetés au pair, et nous venons de voir que ce rachat des 3 p. o/o a d'abord lieu à 75 fr., et successivement à un taux plus élevé : par conséquent le taux moyen du rachat est 87 fr. 50 c. ou un sixième en sus du montant de la vente des 3 p. o/o. Pour ce sixième du capital de sa dette, l'Etat reçoit un cinquième de l'intérêt de cette dette; il reçoit donc, dans l'espace de trente-huit ans, 38 p. o/o, et il donne en retour un tiers en sus de son capital que l'amortissement progressif réduit à un sixième, ou 16 et 2/3 p. o/o.

Résumons la question pour la mieux préciser, et la rendre ainsi plus facile à saisir.

L'État doit des 5 p. o/o qui sont au pair; sa caisse d'amortissement va cesser de pouvoir agir, car ces 5 p. o/o ne tarderont pas à dépasser le pair; l'État veut profiter du bon marché des capitaux, et il offre aux spéculateurs moins d'intérêt et plus de capital, et aux rentiers leur remboursement en espèces ou moins de capital et le même revenu avec l'assurance que le remboursement sera très éloigné.

Il y a là trois options, et l'appel de nouveaux rentiers pour remplacer ceux qui se retireraient.

Quel parti prendront les rentiers? Il importe à l'État de prévoir leur détermination. Tous demanderont-ils le remboursement en espèces? Non, car ils ne trouveraient pas l'emploi de ces espèces. Tous prendront-ils des 3 p. o/o? On peut encore répondre que non : les 3 p. o/o ainsi offerts ne conviennent qu'aux hommes dont le revenu excède les besoins, et qui sont dans l'habitude de capitaliser, chaque année, une portion de ce revenu : ainsi on doit donc prévoir que la majeure partie des rentiers donneront la préférence aux 3 p. o/o; qu'un très petit nombre choisiront le remboursement, et que les autres consentiront à une réduction de capital pour ne rien perdre de leur revenu. Ils y consentiront avec d'autant moins de répugnance, que, d'un côté, la plupart ont acquis les rentes à un prix au-dessous de la réduction proposée (83 fr. et 1/3), et que, de l'autre, la hausse certaine des 3 p. o/o assure également une hausse aux 6 p. o/o; ils dépasseront le pair le jour que l'opération commencera.

Le résultat de cette opération sera donc une économie pour l'État, un avantage pour les spéculateurs et de même un avantage pour les rentiers. Ce triple bénéfice, que feront les trois parties intéressées, doit être payé par quelqu'un; il pourra l'être, dans un moment de baisse, par quelques porteurs de rentes pressés de réaliser leur capital à la Bourse, et il se composera surtout des sommes que la caisse d'amortissement aurait prodiguées sans nécessité, si son action n'eût pas dû cesser au moment où la dette dépassait le pair.

Mais pour prouver que notre système d'emprunt ne laisse rien à désirer, transportons-nous en idée à l'époque où les

5 p. o/o auront atteint le pair, et voyons ce que l'Etat devra faire alors.

Il devra ouvrir trois emprunts ; le premier pour réduire de nouveau le capital des 6 p. o/o , et laisser aux anciens rentiers le même revenu que lorsqu'ils avaient des 5 p. o/o ; le second pour réduire le capital des 3 p. o/o , et laisser ce revenu aux nouveaux rentiers ; et le troisième pour réduire l'intérêt de la dette et offrir aux spéculateurs une augmentation de capital.

Il faut en convenir ; ce système, objet de tant de déclamations, est véritablement merveilleux : avec quelle facilité ne se prête-t-il pas à toutes les combinaisons des spéculateurs et à toutes les réductions d'intérêt que le temps doit nécessairement amener ; ce système, suivi dans tous ses principes, ne demande que de l'ordre et de la ponctualité ; et, ce qui est très remarquable, il donne aux Gouvernemens bien assis, les moyens d'emprunter à un intérêt toujours avantageux ; car le taux de cet intérêt, qui s'augmente d'autant plus que l'emprunt a été fait à un prix moins élevé, peut être diminué en répartissant le sacrifice du capital sur un plus grand nombre d'années, c'est-à-dire en dotant avec moins de libéralité sa caisse d'amortissement ; par exemple : l'Etat émet des 3 p. o/o , et il les vend 75 fr. ; or, il faut qu'il paie d'intérêt 3 pour 75, en d'autres termes, 4 p. o/o , plus 1/3 du capital ; s'il dote sa caisse d'amortissement d'un franc 93 c. p. o/o , il aura fait un emprunt à 5 p. o/o , remboursable par trente-huit annuités ; s'il n'avait doté sa caisse d'amortissement que d'un fr. o6 c. p. o/o , il en aurait fait un à 4 et 1/2 p. o/o , remboursable par cinquante annuités ; car, dans ce cas, l'augmentation de capital accordée à son prêteur est répartie sur cinquante ans, tandis que dans le premier cas elle ne l'est que sur trente-huit ans ; ceci explique toute l'importance de la fixation du montant de l'amortissement.

Il nous faut actuellement démontrer la justesse de nos assertions par des calculs simples dont chacun pourra sans peine vérifier l'exactitude. Voici ce que nous avons à prouver ; il convient de le rappeler au risque de nous répéter.

Un emprunt à 3 p. o/o , remboursable par 38 annuités ,

demande que chaque annuité soit de 4 fr. 45 c. p.o/o ; si cet emprunt est vendu 75 fr. pour 100 fr., on ne recevra 100 fr. qu'en l'augmentant d'un tiers, par conséquent l'annuité, dans ce cas, devra de même être augmentée d'un tiers. Nous venons de dire que cette annuité

était de ci . . . . 4 f. 45 c.

Le tiers en sus. 1   48
____
Total. 5   93
____

Un emprunt à 5 p.o/o, remboursable aussi par 38 annuités demande que chaque annuité soit de 5 fr. 93 c. p. o/o. On voit que ces annuités sont au même taux que celles d'un emprunt à 3 p.o/o vendus 75 fr. pour 100 fr. Ainsi qu'un Etat émette des 5 p.o/o, et qu'il les vende au pair, ou qu'il émette des 3 p.o/o, et qu'il les vende 75 fr. pour 100 fr., si l'annuité qu'il paie est de 5 fr. 93 c., les deux opérations présenteront un même résultat, sa caisse d'amortissement achetant au pair ; mais en achetant au cours, les 5 p.o/o dépasseront le pair, et l'Etat perdra ; les 3 p.o/o seront long-temps au-dessous du pair, et l'Etat gagnera. Or, il doit donner la préférence aux 5 p.o/o, parce qu'il gagne doublement, d'abord de ne pas perdre, ensuite d'acheter au-dessous du pair (1).

Si l'Etat émet des 6 p.o/o, et qu'il les vende 83 fr. et 1/3 pour 100 fr., l'acheteur aura fait un placement à 5 p.o/o, et l'Etat, pour racheter cet emprunt à 83 fr. et 1/3, n'a besoin que de 38 annuités à 6 p.o/o, de chacune 5 fr. 61 c. ; mais en supposant l'annuité de 5 fr. 93 c., il n'en faudrait que 32, ou bien les 38 donneraient un bénéfice sur l'opération de 43 fr. 13 c., pour 83 fr. et 1/3, c'est-à-dire de 51 fr. 80 c. p.o/o à recevoir dans 38 ans.

____

(1) Cette partie de notre travail doit être bien comprise, il faut s'y arrêter et se familiariser avec la proposition que nous avons émise plus haut, que l'Etat acquitte des annuités en payant les intérêts de sa dette et la dotation de sa caisse d'amortissement. Cette vérité reconnue, le système n'a plus rien d'abstrait, l'intérêt et le capital se confondent et l'on voit de suite les avantages de l'Etat à ouvrir de nouveaux emprunts quand ses rentes sont au pair.

PREUVE.

	3 p. 0/0.		5 p. 0/0.		6 p. 0/0.	
	CAPITAL et les intérêts.	ANNUITÉS et les intérêts.	CAPITAL et les intérêts.	ANNUITÉS et les intérêts.	CAPITAL et les intérêts.	ANNUITÉS et les intérêts.
	fr. c.	fr. c.	fr. c.	fr. c.	fr. c.	fr. c.
Capitaux.......	153 33	» »	100 »	» »	83 33	» »
Intérêts.........	4 »	» »	5 »	» »	5 »	» »
1re annuité...	» »	5 93	»- »	5 93	» »	5 93
Totaux....	137 33	5 93	105 »	5 93	88 33	5 93
Intérêts.........	4 12	» 18	5 25	» 30	5 30	» 36
2e annuité.....	» »	5 93	» »	5 93	» »	5 93
Totaux......	141 45	12	110 25	12 16	93 63	12 22

(1)

	3 p. 0/0.		5 p. 0/0.		6 p. 0/0.	
Totaux......	398 »	392 43	608 14	602 54	719 64	754 74
Intérêts	11 94	11 77	30 40	30 12	43 18	45 28
38e annuité...	» »	5 93	» »	5 93	» »	5 93
Totaux......	409 94	410 13	638 54	638 59	762 82	805 95

RÉSULTATS

3 p. 0/0... { Capital 409 94
{ Annuités 410 13

   Différence en plus sur le capital . . . . » 19

5 p. 0/0... { Capital 638 54
{ Annuités 638 59

   Différence en plus sur le capital . . . . » 05

6 p. 0/0... { Capital 762 82
{ Annuités 805 95

   Différence en plus sur le capital 43 13

(1) Nous ne donnons que le commencement et la fin de ce tableau. Ils suffisent pour le composer en entier, et arriver aux résultats que nous annonçons. On remarquera que c'est-là un compte à deux parties. La première colonne présente 153 f. 33 c. capitalisés à intérêts composés à 5 p. 0/0 pendant trente huit ans, et la seconde trente-huit annuités de 5 fr. 93 c.

Revenons un moment sur nos pas. Ainsi que nous l'avons annoncé d'abord, il est positif que les principes de notre système d'emprunt sont de la plus grande clarté, et l'on voit par les conséquences que nous en avons tirées et les exemples ainsi que les calculs qui les expliquent, que ces principes sont dictés par l'équité même, puisqu'ils assurent à l'État et à ses prêteurs des avantages qui toujours se balancent.

Mais il se pourrait, dira-t-on peut-être, que donnant à choisir entre des 6 et des 3 p. o/o, les rentiers ne prennent, en général, que des 6 p. o/o, et dans ce cas, le but proposé ne serait point atteint; il n'y aurait pas de réduction d'intérêts, l'Etat ne gagnerait qu'une portion de capital, enfin le présent ne serait point allégé, sauf à augmenter les charges de l'avenir. Ce raisonnement est tout-à-fait spécieux. Il s'agit d'assurer un bénéfice à l'Etat, or qu'il gagne ici par une réduction d'intérêts ou par une remise de capitaux, le résultat est le même sous tous les rapports ; il est le même parce que, de fait, il est question d'annuités, et que dans des annuités les intérêts et le capital sont confondus; l'Etat réalisera donc un avantage annuel, soit qu'on ne prenne que des 3 p. o/o, soit qu'on donne la préférence aux 6 p. o/o. Cette question secondaire, pour être traitée à fond, demanderait quelque développement qui nous éloigneraient trop de la question principale, nous nous en occuperons, s'il est nécessaire, dans un second Mémoire qui prouvera que le système porte avec lui tous ses moyens d'exécution.

Il nous reste maintenant à faire l'application de ce

capitalisées au même taux ; le résultat offre une différence en plus de 19 c. qui provient des millimes négligés.

La troisième et la quatrième colonnes présentent une pareille opération faite sur 100 fr., et à intérêts composés de 5 p. o/o; le résultat n'offre qu'une différence en plus de 5 c. provenant aussi des millimes négligés.

Enfin, la cinquième et la sixième colonnes présentent une pareille opération faite sur 83 et 1/3 et à l'intérêt composé de 6 p. o/o; le résultat offre une différence en plus de 43 fr. 13 c., provenant de l'annuité qui est portée à 5 fr. 93 c., et qui ne devrait l'être qu'à 5 fr. 61 c.

Il est inutile de dire que pour capitaliser une somme à intérêts composés, il suffit d'ajouter, chaque année, à cette somme son intérêt et de considérer alors le total obtenu comme capital, lequel produit à son tour un intérêt au même taux.

système à notre position actuelle , mais de manière à présenter une véritable économie de 70 millions par an, 42 millions de plus que celle espérée ; nous disons 42 millions de plus, car l'effet doit être un ; il faut qu'il agisse de suite sur toute la dette. Transiger avec les principes, pour ajourner une partie des résultats qu'ils commandent, serait un faute capitale ; alors on n'entrerait qu'à demi dans la bonne voie ayant les moyens d'y entrer complétement.

Dès que la dette est arrivée au pair , le but de la caisse d'amortissement est atteint, et son action cesse ; elle a rempli sa destination relativement à l'emprunt dont elle était chargée d'accélérer l'époque du remboursement ; or, les rentes de cet emprunt, que la caisse a progressivement amorties doivent être annulées; elles sont acquises aux contribuables. En effet le moment est venu pour eux de recueillir ainsi une portion du fruit des sacrifices qu'ils font, chaque année, afin de fournir au rachat de ces rentes. On ne peut pas s'écarter de ces principes sans opérer à faux : nous allons le démontrer.

Si les rentes amorties ne sont pas éteintes au moment où la dette est au pair, quand donc le seront-elles? Est-ce lorsque la dette entière sera amortie ? Mais on vient de voir que toute la dette d'un État ne peut s'éteindre par le fait seul de l'amortissement, qu'il faut nécessairement y joindre le remboursement qui force à de nouveaux emprunts. Cette dette peut varier dans son montant, elle est tantôt plus forte et tantôt moins; mais on n'aperçoit pas, même par la pensée, l'instant où elle serait complétement nulle; ainsi, la caisse amortirait donc toujours pour ne jamais éteindre ? Cette proposition n'est pas admissible. Sous un autre rapport, les opérations de cette caisse ne seraient plus, dans cette hypothèse, qu'un jeu de capitaux sans aucun résultat favorable. De deux choses l'une, ou les contribuables serviraient aux anciennes rentes de la caisse d'amortissement un fort intérêt pour acquérir de nouvelles rentes qui en produiraient un moindre, et cette opération perpétuerait ces anciennes rentes qu'on veut éteindre, ou bien, transformées en nouvelles, elles auraient été réduites, soit par l'abandon d'une portion de

leur capital, soit par la remise d'une partie de leur revenu, et dans ce cas, la caisse jouirait des nouvelles rentes,
mais à quel titre les posséderait-elle relativement au nouvel emprunt ? De fait, on aurait par-là ajouté à sa dotation, au préjudice même de l'amortissement, puisqu'au
moyen de cette augmentation, le cours des effets publics se
serait de suite élevé dans une proportion beaucoup trop
défavorable au rachat.

Tout concourt donc à démontrer que lorsque la dette
est au pair, l'annulation des rentes que possède alors la
caisse d'amortissement doit nécessairement avoir lieu, et
que ce n'est pas là diminuer la dotation de cette caisse,
bien que dans ce cas, son action se trouve restreinte. Il est
d'ailleurs indispensable que cette action soit alors plus
modérée, car le montant de la dette a changé; une partie
a été de suite éteinte par l'option en 6 p. o/o, et si l'autre
partie est plus forte en capital, elle est moins forte en
intérêts; pour celle-ci il y a une sorte de compensation.

On voit que si de toute nécessité les anciennes rentes
acquises par la caisse d'amortissement doivent subir le sort
commun, il est impossible de créer un privilège en faveur d'aucune autre de cette espèce. L'intérêt change continuellement; il était, avant la découverte du Nouveau
Monde, à plus de 10 p. o/o, il est aujourd'hui à moins
de 5 p. o/o. A quel taux s'arrêtera-t-il? On ne peut le
prévoir. Mais tandis qu'il décroît ainsi, tandis qu'une propriété acquise il y a cent ans se vend maintenant le double
du prix qu'elle se vendait alors, et que par conséquent
son revenu, comparativement au nouveau prix d'acquisi-
tion, est diminué de moitié, peut-on assurer à des capitaux placés dans nos emprunts, l'avantage de rapporter
perpétuellement un même intérêt ? Si cet avantage ne saurait leur être accordé, comment soutenir que les rentes
nommées immobilisées, seront exemptes de l'option proposée
aux autres ? (1)

____

(1) Il paraît que l'on voudrait aujourd'hui que la diminution d'intérêt
fût graduelle, et mieux encore qu'elle fût proportionnelle, c'est-à-dire plus
ou moins forte selon la fortune des rentiers. Notre système d'emprunt se

Tous ces principes admis, leurs conséquences ne souffrent aucune difficulté et le résultat qu'on demande est obtenu. Peu de mots le prouveront.

Notre caisse d'amortissement est dotée de 40 millions; ses rachats ont doublé ce revenu; elle possède donc des rentes amorties pour 40 millions, au capital de 800 millions. Ces rentes doivent être éteintes, et c'est en présentant leur annulation aux contribuables qu'on leur prouvera physiquement que cette institution est conservatrice de leur fortune ainsi que du crédit public. Eh bien, cette annulation retranche du budget 40 millions par an, à l'article paiement des intérêts de la dette, et si nous supposons, avec toute vraisemblance, que les trois-quarts des propriétaires de nos rentes prendront des 3 p. o/o, il faut ajouter à ces 40 millions un cinquième des trois-quarts des intérêts de la dette, ou 30 millions, en tout 70 millions. C'est là plus du double de ce qu'on demandait; mais avoir convaincu que, sans dévier un seul instant des principes de notre système d'emprunt, on obtient ces 70 millions, c'est convaincre aussi que ce système n'avait besoin que d'être compris pour que la mesure proposée par le ministère eût l'assentiment général, après un léger amendement.

Nous ne nous flattons pas que cet aperçu soit tout ce qu'il devrait être; nous l'avons écrit à la hâte, dans l'espérance de rectifier de fausses idées, et de pouvoir l'offrir à Son Excellence le Ministre des finances, assez à temps pour être utile. Si nous ne nous faisons pas illusion, nous avons montré la seule route qui conduit sûrement et complètement au but; c'est beaucoup pour nous. Il nous suffit que la question puisse aujourd'hui être entendue;

<hr>

prête parfaitement à présenter ce dernier résultat. Que tel rentier, par exemple, prenne, pour 10 fr. de rente, moitié de 3 et moitié de 6 p. o/o, il ne touchera plus que 9 fr. d'intérêt ou 4 et 1/2 p. o/o et d'un côté il aura ajouté un tiers à la moitié de son capital et de l'autre il aura diminué l'autre moitié d'un sixième; le tiers ajouté sera réel dans quelque temps, par l'effet de la hausse des 3 p. o/o et la perte d'un sixième ne sera de suite que fictive, également par l'effet de la hausse des 6 p. o/o. Ce même rentier peut prendre des 3 et des 6 p. o/o dans une autre proportion et la réduction, à son égard, sera ce qu'il voudrait qu'elle fût; il se trouvera ainsi maître de la régler.

2.

heureux si Son Excellence daigne méditer cet écrit, s'il daigne le relire avec cette action bienveillante qu'elle a mise à nous écouter et si elle fait alors décider cette importante question, à la satisfaction des rentiers et au plus grand avantage de la France.

Auguste LAMBERT.

PROJET DE LOI (1).

CHARLES , etc.

Art. 1er. Le Ministre des finances est autorisé à substituer des rentes trois et six p. o/o à celles déjà créées par l'Etat à cinq p. o/o, soit qu'il opère par échange des cinq contre des trois, ou des six p. o/o, soit qu'il rembourse en espèces les cinq au moyen de la négociation des trois p. o/o.

2. La négociation des trois p. o/o aura lieu à raison de 75 fr. en espèces, pour 100 fr. en trois p. o/o ; et l'échange des cinq p. o/o aura lieu à raison de 75 fr. pour 100 fr. de trois p. o/o ; et de 100 fr. pour 83 fr. et 1/3 de six p. o/o.

3. Les six p.o/o ne seront remboursables que lorsque les trois p. o/o auront atteint le pair.

4. Les rentes rachetées jusqu'à ce jour par la Caisse d'amortissement seront éteintes à compter du 1er janvier 1827, au plus tard, et à compter du . . . . . . de cette année, le trésor en retiendra les intérêts pour servir à acquitter tous les frais de l'opération.

5. Le Ministre des finances rendra un compte détaillé de cette opération dans le cours de la prochaine session des Chambres.

Donné, etc.

(1) En rédigeant notre pensée en forme de loi, nous avons eu pour but de la préciser ; ce projet est d'ailleurs calqué sur celui présenté aux Chambres dans la dernière session.

PRÉCIS

DES

OPÉRATIONS FINANCIÈRES

DE

LA SOCIÉTÉ D'AVANCES MUTUELLES

SUR GARANTIES.

L'établissement de la Société d'avances mutuelles a pour but de faire descendre graduellement et de maintenir en France l'intérêt de l'argent à 3 p. o/o par an. Son objet journalier est de prêter à la propriété, généralement par prêts mutuels (1), d'acheter des rentes et créances, et de faire toutes les opérations de banque en usage. Son effet sera d'enrichir la circulation d'un nouveau papier de crédit, le meilleur possible, d'augmenter le prix des immeubles, et de favoriser l'industrie nationale sur tous les points de la France.

La Société d'avances mutuelles est une Maison de banque qui ne prête ses capitaux qu'en accordant des crédits sur des sûretés hypothécaires et autres; les crédits portent intérêt à compter du jour qu'ils sont ouverts. Le crédité en dispose par viremens de parties, ou en tirant sur la Maison jusqu'à concurrence de leur montant; la Société remet alors au porteur des coupons de parties de banque signés du crédité, soit de ses valeurs courantes, soit de ses valeurs consolidées, selon la nature du crédit qui a été accordé.

Les valeurs courantes sont des bons que les diverses Caisses de la Société sont tenues de prendre en paiement des sommes dues à la Société. Ils produisent un intérêt annuel de 7 p. o/o pendant les quatre premières années de la Société ;

---

(1) Ce nouveau mode de prêt consiste à rendre l'emprunteur prêteur d'une somme égale à celle qu'il reçoit ; voir page 66 du 16ᵉ Bulletin de la Société.

de 6 p. o/o pendant les quatre suivantes ; de 5 p. o/o pendant les quatre suivantes ; de 4 p. o/o pendant les quatre suivantes, et finalement de 3 p. o/o pendant toutes les autres années.

Les valeurs consolidées sont des inscriptions d'épargnes au grand livre de la dette de la Société, et la Société est tenue de prêter sur leur dépôt les 9/10 de leur montant. (1) Elle les rembourse en espèces à leurs porteurs, en les avertissant au moins deux ans à l'avance. Les valeurs consolidées produisent un intérêt annuel de 4 p. o/o pendant les seize premières années de la Société, et de 3 p. o/o pendant toutes les autres années.

Ces deux sortes de valeurs de crédit sont la monnaie avec laquelle la Société fait toutes ses opérations financières et toutes ses dépenses administratives et sociales généralement quelconques ; ainsi, soit qu'elle reçoive, soit qu'elle paie, elle ne connaît que ces mêmes valeurs ; le numéraire n'est admis dans ses Caisses qu'en ajoutant un agio de 4 p. o/o.

Les valeurs courantes et consolidées de la Société sont transmissibles par endossement, mais sans la garantie des endosseurs.

Les porteurs peuvent demander une garantie spéciale pour ces valeurs, qui sont déjà cautionnées en masse par toutes les créances hypothécaires et autres que possède la Société. La garantie spéciale est accordée à ces valeurs, et même aux actions de la Société par le dépôt et le transfert d'annuités et autres titres au choix des requérans.

Les Comptoirs de la Société, placés dans les principales villes des départemens, sont au nombre de plus de deux cents ; ils ont un très grand intérêt d'escompter en espèces les valeurs de la Société, mais ils n'y sont pas obligés ; cet escompte ne peut excéder un p. o/o du montant des valeurs ; les Comptoirs donnent donc au moins 99 fr. en argent pour 100 fr. en valeurs.

Les débiteurs de la Société se libèrent généralement par

___

(1) L'article 78 des Statuts de la Société, semble contredire cette assertion. En rapprochant les dispositions de cet article avec celles de l'art. 75, on verra que les valeurs courantes que nous remettons représentent, moins 1/10, une pareille somme en valeurs consolidées.

annuités , et ces annuités , au nombre de cinq au moins et de trente-deux au plus par crédit (pendant les seize premières années de la Société et de cinquante pendant toutes les autres), sont calculées de manière à former autant de prêts mutuels que la Société fait d'opérations ; les débiteurs s'acquittent alors et se composent , en même temps , un capital égal à celui qu'ils ont reçu de la Société , capital qu'elle leur remet en valeurs consolidées un an après le paiement de leur dernière annuité.

Le mode de libération par annuités, ainsi calculées, présente au débiteur l'avantage, non-seulement de s'acquitter insensiblement, mais encore de voir fructifier ses économies annuelles (1). Cet avantage est plus que doublé si le débiteur conserve, pendant les premières années de la Société , les valeurs dont il est crédité, et il sera d'autant plus grand qu'il aura emprunté plus tôt. Il est alors emprunteur par spéculation ; il jouit de l'intérêt elevé de valeurs courantes qui ne lui coûtent qu'un faible intérêt. S'il fait escompter toutes ses valeurs, il dépense, au plus, pour frais de cet escompte, un p. o/o une fois payé du montant de son emprunt. Cet emprunt est à 3 p. o/o par an , non compris la commission de banque de 3/4 p. o/o, en tout 3 et 3/4 p. o/o par année. Les placemens annuels que fait la Société pour le compte de l'emprunteur sont aussi à 3 p. o/o par an , mais moins la commission de 3/4 p. o/o, reste 2 es 1/4 p. o/o par an , pendant le temps que durent ces placemens successifs, et 3 p. o/o ensuite.

Toutes les opérations de la Société sont préparées par ses Comptoirs , établis en société en commandite avec un capital divisé en actions. Les Comptoirs de la Société sont les intermédiaires nécessaires de la Maison. La Société ne peut rien faire sans ses Comptoirs , comme aussi ses Comptoirs ne peuvent rien sans le concours de la Société.

Les Comptoirs sont essentiellement intéressés au succès de la Société. Ils ont droit à une forte partie de ses bénéfices, et font eux-mêmes de grands bénéfices au moyen du maniement des fonds qui leur est laissé.

(1) Le débiteur fait des économies annuelles en cela, que dans l'annuité qu'il paie est comprise une somme qui lui est rendue, avec l'intérêt composé, un an après le paiement de sa dernière annuité.

La Société est en commandite, et elle réunit aux garanties de cette sorte de société, celles des sociétés anonymes. Son fonds social est de 150 millions, divisés en soixante mille actions de 2,500 fr. chacune.

Les bénéfices de la Société se composent des commissions de banque qu'elle perçoit, et ces bénéfices seront considérables. Ils lui permettent d'accorder à ses actions de la deuxième série, 1° un intérêt égal à celui que produisent ses valeurs courantes, et sans que cet intérêt puisse descendre au-dessous de 4 p. o/o par an ; et 2° à toutes ses actions un dividende qui sera d'autant plus élevé que la Société fera plus d'opérations.

La Société et ses Comptoirs auront leur réserve ; ces réserves seront fort importantes, et elles serviront toutes ensemble à réparer les pertes que chaque établissement pourrait faire, de manière qu'elles devront être totalement épuisées avant qu'il y ait possibilité de toucher au capital des actions. Cette disposition donnera aux actions de la Société et aux actions de ses Comptoirs un très grand prix : elles ne tarderont pas à être à prime.

Mais pour que l'on puisse plus facilement apprécier les avantages de cette grande Institution, il faut la considérer, non dans ses résultats particuliers, mais relativement au problème de la mobilisation des propriétés dont elle est la solution complète.

Le prêt mutuel, l'une des bases principales du système de crédit sur lequel repose toute l'Institution, est moins une avance qu'une véritable monétisation de valeurs, et ce prêt oblige l'emprunteur à faire des épargnes ; il le place dans une position analogue à celle d'un capitaliste, dont le portefeuille est rempli de bons effets de commerce, qu'il négocie au fur et à mesure de ses besoins, et non pas dans la situation d'un propriétaire qui reçoit des espèces le jour même qu'il souscrit une obligation hypothécaire. Les autres opérations de la Société sont aussi, en général, une monétisation de valeurs.

Il résulte de ce système que ni la Société, ni ses Comptoirs n'ont besoin de leur fonds social pour effectuer des opérations ; semblables aux Banques de dépôt, ils pourraient se dispenser d'émettre des actions ; mais le montant de ces

actions est de suite transformé en valeurs courantes, qui
sont annulées, et celles-ci en valeurs consolidées qui sont
amorties. Ainsi, les émissions d'actions ont, pour premier résultat, de présenter des garanties aux tiers et de donner du
crédit aux valeurs de la Société, crédit qui est la conséquence
de l'annulation et de l'amortissement de la plus grande partie de celles de ces valeurs émises dans les commencemens.

Les prêts mutuels et les prêts simples, les escomptes d'effets de commerce et autres, les avances sur consignations,
les achats de rentes et créances, en un mot, toutes les opérations financières de la Société, ne sont, de fait, qu'un
échange de valeurs d'une transmission plus ou moins diffi-
cile, contre des valeurs spécialement créées pour chaque
opération, et qui ont le double avantage d'être à-la-fois
une monnaie et un capital productif. Quand la Société prête
par prêts mutuels ou prêts simples, elle transforme en valeurs courantes des créances hypothécaires et autres qui
représentent des capitaux réels, et ces créances servent de
garantie à l'opération. Quand, par l'intermédiaire de ses
Comptoirs, elle prête sur consignation, ou qu'elle escompte
des effets, les marchandises consignées et les effets sont re-
présentés au moyen de traites payables en valeurs courantes,
traites que souscrit un Comptoir, lesquelles, à présentation,
procurent des valeurs courantes qui n'entrent dans la circulation que parce que les traites en sont retirées; ainsi ces
prêts et ces escomptes sont encore un échange de capitaux
d'un usage monétaire plus ou moins restreint, contre des
rentes-monnaies pouvant circuler dans toute la France. La
même observation s'applique aux achats de rentes et créances que peut faire la Société.

Considérées sous ce rapport, les opérations financières de
la Maison Lambert et compagnie donnent de suite une
idée nette de son système de crédit; car on voit que tout se
réduit à des viremens de parties, à un échange continuel
de valeurs, et de valeurs qui se garantissent et s'acquittent
l'une par l'autre; on voit encore que la Société est réelle-
ment et perpétuellement placée dans une position on ne
peut plus heureuse; les effets qu'elle souscrit n'étant qu'ad-
missibles en paiement de ce qu'on lui doit, ou remboursables à sa volonté, elle ne saurait, par un protêt, être

amenée à une liquidation forcée : la Société doit et on lui doit ; elle forme une grande Maison de banque dont les dettes actives (les sommes qu'on lui doit) sont exigibles à des époques déterminées, tandis que les dettes passives (les sommes qu'elle doit) ne sont jamais exigibles, et le montant de ces dernières dettes est toujours inférieur à celui des premières.

L'organisation de l'Institution a été arrêtée ainsi qu'il suit :

1º Une Direction générale à Paris, dont le travail, partagé en quatre sections, est réparti en seize divisions; la Direction générale est le siège de la Société et le point central de toutes ses opérations.

2º Cinq Inspections comprenant un nombre à peu près égal de départemens ; les inspecteurs sont astreints à des tournées ; ils ont sous leurs ordres des contrôleurs et vérificateurs ; ils assurent la régularité du service, et sont plus particulièrement chargés d'éclairer la Direction générale sur tout ce qui l'intéresse.

3º Deux cents Comptoirs au moins placés dans les principales villes du royaume ; les Comptoirs font les recettes et paiemens de la Société; ils escomptent ses valeurs de crédit et préparent et facilitent toutes ses opérations financières. Les Comptoirs prêtent sur consignation de marchandises ; ils sont surtout des Maisons de change pour procurer des espèces contre des valeurs, et des valeurs contre des espèces.

4º Une Chambre de garantie par Comptoir ; ces chambres ont pour objet la vérification des effets présentés à l'aval de la Société et de ceux que peuvent encaisser les Comptoirs ; ils garantissent la Maison par leur propre aval.

5º De douze à quinze Bureaux de correspondance par Comptoir, les correspondans sont, en quelque sorte, des courtiers de commerce uniquement occupés des intérêts de la Société ; ils sont chargés des opérations préparatoires pour l'estimation des propriétés données en garanties et du placement des valeurs.

La Société est placée sous l'autorité d'un Conseil de surveillance, composé d'un président, de huit membres et de deux secrétaires; deux de ces membres sont à la nomination, l'un de Son Excellence le Ministre de l'Intérieur, et l'autre de Son Excellence le Ministre des Finances ; l'autorité du conseil de surveillance est à-peu-près la même que celle des commissaires du Gouvernement, près les sociétés anonymes.

Il y a quatre associés responsables dont le fondateur, M. Auguste LAMBERT, est le principal ; ils gèrent les intérêts de la Société en Conseil d'administration. Jusqu'à ce que M. A. Lambert ait fait choix de ses co-associés, il peut gérer seul. (*Extrait des Bulletins de la Société.*)

LETTRE *à un capitaliste qui demande une explication, en peu de mots, du Système de crédit de la Société.*

MONSIEUR,

Vous nous faites observer que vos nombreuses occupations ne vous permettent pas de lire tous nos Bulletins, et vous desirez cependant avoir une idée précise du système de crédit sur lequel reposent les opérations de notre Maison ; nous allons, Monsieur, essayer de vous satisfaire, et nous serons aussi courts que possible.

On ne connaît encore que deux sortes de Banques, les Banques de dépôt et les Banques de circulation.

Une Banque de dépôt est la Caisse commune des négocians d'une ville, d'une province et même d'un Etat. Cette Caisse est la gardienne de leur argent : elle le représente par des inscriptions sur ses registres ; elle paie et reçoit pour eux au moyen de viremens de parties, et par conséquent, sans qu'un écu soit déplacé. Exemple : Pierre doit à Paul 20,000 fr. ; la Banque diminue l'avoir de Pierre de cette somme, et augmente celui de Paul d'une pareille somme ; Pierre alors est quitte, et Paul est satisfait : il a en banque 20,000 fr. de plus.

Ordinairement les Banques de dépôt se bornent à ce service fort simple, qui ne consiste qu'à tenir des écritures avec une grande exactitude. Ces Banques n'ont point d'actionnaires, elles ne font pas d'avances, et leurs frais d'administration sont acquittés par un léger droit, qu'elles exigent au moment du transport d'un compte à un autre , ou au moment du dépôt des espèces, ou enfin lorsqu'elles ouvrent de nouveaux comptes.

Les Banques de circulation sont des caisses de prêts : elles font des avances au commerce , à 3 ou 4 p. o/o au plus par an , mais elles n'effectuent ces avances qu'en escomptant des effets à courtes échéances (deux ou trois mois) : pour prêter à un intérêt aussi peu élevé, il faut pouvoir se procurer des fonds à un intérêt encore plus bas, et les Banques de circulation jouissent de ce grand avantage.

Ces Banques se constituent avec un capital en espèces , qu'elles réalisent par l'émission de leurs actions, et avec un capital en billets payables à vue. Le capital en espèces sert à acquitter les billets à vue , et ceux-ci sont employés à l'escompte. Le montant des billets , que leur commodité pour les paiemens fait rester dans la circulation , représente , en faveur de la Banque , le montant d'un emprunt duquel elle ne paie pas d'intérêt ; or , si ce montant est au capital social de la Banque , comme 1 est à 4 , il est évident que , prêtant à 5 p. o/o, elle reçoit 12 p. o/o de ce capital. Si maintenant elle lui sert 6 p. o/o , il y aura en caisse 6 p. o/o pour les frais, la réserve, etc.

Il restait une troisième sorte de Banque à établir , à laquelle on a donné le nom de *Banque territoriale*. Plusieurs essais ont eu lieu et tous ont été infructueux. Pourquoi ? C'est qu'on a voulu résoudre le problème par les principes des Banques de dépôt et des Banques de circulation. Les principes des Banques de dépôt ne conviendraient , ainsi appliqués, que chez un peuple déjà fort avancé en économie politique , et les principes des Banques de circulation ne peuvent être ici d'aucun secours. Une Banque de circulation ne doit engager ses capitaux que pour deux ou trois mois , tandis que les prêts d'une Banque territoriale ne sauraient être consentis pour moins de plusieurs années.

Notre Maison pourrait se nommer une Banque territoriale : elle prête à longs termes, sur propriétés, et à un intérêt modéré. Forcés de ne s'aider ni du système des Banques de dépôt , parce qu'il se présente avec des formes trop fictives pour nous autres Français, qui craignons le papier, ni du système des Banques de circulation, parce

que des billets à vue ne doivent être que les auxiliaires de
prêts momentanés, nous avons créé un système entièrement
nouveau, et la base principale de ce système est le prêt
mutuel.

Des avances sur hypothèques doivent nécessairement être
à longs termes, et ces prêts ne permettent pas de faire
usage, comme moyen d'emprunt, de billets payables à
vue ; car ces billets viendraient alors à la Caisse demander
des espèces, long-temps avant la rentrée des sommes prêtées.

Notre système de crédit supplée aux billets à vue, ou
plutôt il procure une partie des avantages que l'on retire de
ces billets. Nous prêtons à longs termes et nous prêtons,
pour qu'on nous prête ; toutes nos opérations se réduisent
à faire *une avance moyennant une avance*. Nous pouvons
ainsi emprunter à 2 et 1/4 p. o/o pour un long terme, et
nous prêtons également pour un long terme, à 3 et 3/4
p. o/o, par conséquent la Maison fait un bénéfice de 1 et 1/2
p. o/o par an, sur le montant de tous les prêts mutuels
qu'elle effectue, bénéfice que double la rentrée progressive
des annuités souscrites par l'emprunteur.

Tel est le résultat de notre système : quant à nos moyens
de le mettre à exécution, ils sont fort simples. Nous prêtons
un capital à 3 p. o/o par an, plus 3/4 p. o/o de commission,
ce qui fait 3 et 3/4 p. o/o, et nous imposons à notre emprunteur la condition de nous prêter, à son tour, un pareil
capital aussi à 3 p. o/o par an, mais moins notre commission de 3/4 p. o/o, ce qui réduit son placement à 2
et 1/4 p. o/o.

Ce prêt mutuel est établi sur garanties réciproques et par
annuités, au nombre de cinq à trente-deux, c'est-à-dire que
l'emprunteur s'acquitte de l'engagement qu'il prend, en cinq,
six, sept et jusqu'à trente-deux ans à son choix, et qu'il a
dès-lors les plus grandes facilités de satisfaire la Maison.
Exemple : Nous remettons à Pierre 100,000 fr., et il nous
souscrit trente-deux annuités de 7,500 fr. chacune, la première payable dans un an, la deuxième dans deux ans, et
ainsi de suite. Un an après l'acquittement de la trente-
deuxième annuité, nous remettons de nouveau à Pierre
100,000 fr., et, de part et d'autre, nous sommes quittes.
Si Pierre avait emp runté, à l'effet de prendre de nos ac-

tions ou des actions de nos Comptoirs ; il aurait été le maître de souscrire cinquante annuités au lieu de trente-deux. Alors le montant de chaque annuité n'aurait été que de 5,500 f. ou de 5 et 1/2 p. 0/0.

Nous pourrions, Monsieur, vous entretenir ici d'une partie des conséquences extrêmement avantageuses de cette opération, qui ne paraît abstraite qu'à ceux qui ne veulent pas s'en rendre compte ; nous pourrions vous faire connaître les deux sortes de valeurs de crédit qu'elle met en mouvement ; mais nous craignons de trop allonger cette lettre, déjà fort étendue, et nous nous bornons à vous engager à lire notre 15ᵉ Bulletin : il contient une analyse raisonnée du système de crédit de notre Société et de ses moyens de succès. Vous pourriez ne lire ensuite nos autres Bulletins, qu'à compter du 10ᵉ ; vous serez alors convaincu que les opérations financières de notre Maison assurent tout-à-la-fois de très grands avantages à nos actionnaires, aux personnes qu'elle emploie, et aux propriétaires, ainsi qu'aux capitalistes qui sont dans l'habitude de spéculer sur les valeurs de crédit.

Agréez, Monsieur, etc.

Signé, LAMBERT et Cᵉ.

FIN.

IMPRIMERIE DE PAUL RENOUARD, RUE DE L'HIRONDELLE, Nº 22.

www.ingramcontent.com/pod-product-compliance
Lightning Source LLC
Chambersburg PA
CBHW051408060726
47596CB00005B/2124